AF297515

L'ART

DE PERFECTIONNER

LA TREMPE

DE L'ACIER ET DU FER,

Avec les dénominations des principales Mines, Usines, Forges, Fonderies, Aciéries, etc.

Ouvrage indispensable aux artistes et ouvriers qui emploient ces métaux ;

Par M. HOME,

MÉCANICIEN-MINÉRALOGISTE.

En forgeant on devient forgeron,

A PARIS,

Chez
VINÇARD, éditeur, quai aux Fleurs, n°. 21, près des forges de Vulcain ;
CHANSON, imp.-lib., rue des Grands-Augustins, n°. 10 ;
Les principaux Libraires et Quincailliers.

1822.

Pl. I.re   Tirage de la mine en roche.

Pl. II   Minière d'Aciérie

Explication des Gravures.

PLANCHES I et II.
Tirage de la Mine en Roche.

PLANCHES III et IV.
Coulage et Moulage de la Gueuse ;
Coulage à la Poche.

PLANCHES V et VI.
Filiérie ou fabricat. du Fil-de-Fer ;
Forgis.

PLANCHES VII et VIII.
Aciérie ;
Appareil pour Tremper et Souder.

AVIS DE L'ÉDITEUR.

L'AUTEUR de cet ouvrage, chef de l'un des premiers ateliers d'Angleterre, a joint à ses profondes méditations et à ses continuels essais, les avis des premiers Forgerons, Forgeurs et Mécaniciens qu'il a employés dans cette partie. Il a pris des notes et tracé des dessins dans les Mines, Forges, Usines, Fenderies et Aciéries d'Allemagne ; après un scrupuleux examen, il s'est convaincu de la possibilité de perfectionner cette branche de commerce , pour acquérir une marche certaine dans la Trempe de ces métaux.

C'est donc un service éminent que le sieur HOME rend à la société, en communiquant des vues aussi utiles et aussi précieuses.

INTRODUCTION.

Dᴇ tous les arts auxquels les hommes se sont appliqués, il y en a peu qui soient d'une utilité plus générale que celui-ci. Le *Fer* et l'*Acier*, comme on sait, occupent depuis long-temps une quantité considérable de bras ; ce genre d'industrie fit même prospérer plusieurs nations, et facilita des échanges et une réciprocité de commerce ; mais la science de la Trempe est restée bien en arrière dans notre patrie, et cette négligence nous force aujourd'hui à devenir tributaires des autres nations.

N'avons-nous pas des Mines de Fer et d'Acier aussi belles, aussi pures que celles des étrangers ? Pourquoi ne portons-nous pas nos regards sur une perfection dont l'étude ferait le bonheur de nos manufactures ? Les mécaniques se multiplient en France, nous avons donc besoin, plus que jamais, de perfectionner cet art, afin de nous mettre au niveau des étrangers, et de surpasser ce qui s'est fait jusqu'à ce jour.

Les premiers principes de tous les arts sont puisés dans la nature ; tout le monde croit les connaître ; mais ce sont des secrets qu'elle ne révèle qu'à un petit nombre d'hommes. Peu de gens savent s'élever jusqu'à cette source des vrais beautés et des défauts heureux.

Cependant chaque jour un hasard, ou plutôt un œil pénétrant, fait découvrir ce qu'on ne soupçonnait pas ; et l'homme industrieux, attentif, saisit avidement une foule de rapports et de combinaisons qui lui donnent les moyens de rectifier, d'étendre ou de simplifier son travail.

Les choses naturelles sont tellement liées les unes aux autres, qu'on ne peut traiter cette question sans recourir aux agens généraux, qui sont l'*eau*, le *feu* et l'*air*, que nous voyons journellement travailler dans la nature.

Presque partout, et même dans des corps très-durs, dans des

mines , on trouve des coquilles et des débris de la mer ; ouvrage de l'*eau*.

Dans plusieurs endroits , on trouve des vitrifications, des calcinations, des scories; effet du *feu*.

Sur toute la superficie de la terre, nous voyons des dépôts de pluies ou de rosées ; production de l'*air*.

Mais ouvrons la plupart des livres composés pour l'instruction des artistes en tout genre, qu'y trouvons-nous? Des modèles proposés, dont le travail imparfait décèle une époque où les hommes avaient fait peu de progrès dans les arts ; et ces modèles ose-t-on les discuter ? N'exige-t-on pas pour eux un respect trop servile ? N'étend - on pas trop loin le conseil de les imiter ? Ce qu'ils ont fait n'est-il pas trop souvent donné pour unique règle de ce qu'il faut faire ? Cette méthode timide et rempante rend les productions de l'art trop uniformes , consacre presque également les grands défauts et les grandes beautés , confond les idées du goût, et charge le génie, d'entraves rigoureuses qui retardent sa course , qui le tient dans une enfance perpétuelle , qui l'empêche de s'élancer au-delà des bornes de la médiocrité.

Mais nous allons peut-être trop loin ; renfermons-nous dans le cadre que nous nous sommes tracé.

Parvenir à tremper un acier, à durcir un fer, en conservant le nerf, en rehaussant l'éclat naturel du sujet que l'on veut tremper; se procurer, par une méthode facile, tous les genres de Trempe qui conviennent aux productions de chaque Mine, et former, par conséquent, une concordance parfaite entre les produits de la nature et la perfectibilité de ce qui sort des mains de l'homme, tels sont les nouveaux moyens dont l'art de la Trempe, qui constitue la plus riche branche du commerce, nous a paru susceptible. Avant que d'entrer dans les détails proprement dits de la Trempe, nous allons parler des Mines, Usines, Fonderies, Aciéries, etc.

L'ART
DE LA TREMPE.

CHAPITRE PREMIER.

De la première connaissance du Fer.

Pour peu que l'on soit versé dans la métallurgie, il est aisé de sentir que la découverte du Fer et l'art de le mettre en œuvre, ont dû se présenter très-difficilement et plus tard que celles des autres métaux. Anciennement, on employait le cuivre à tous les usages auxquels on a fait utilement succéder le Fer.

Plusieurs témoignages, cependant, nous autorisent à croire que quelques peuples ont possédé, dès la première antiquité, le secret de se procurer du Fer.

Qu'aura-ce donc été pour des hommes qui, n'ayant jamais vu de Fer, et n'en ayant par conséquent nulle idée, n'en cherchaient certainement pas? Comment auraient-ils tiré du Fer d'une terre ou d'un gravier, par des opérations qui se présentaient aussi peu à leur esprit, que le Fer se montrait à leurs yeux?

En effet, de grands obstacles et celui qui a dû retarder le plus long-temps l'usage du Fer, c'est la manipulation de ce métal qui est, de tous les métaux, le plus difficile à mettre en fusion.

Il y avait une tradition chez les Egyptiens, qui portait que Vulcain leur avait appris à forger des armes de Fer. Ces peuples ne voulaient devoir qu'à un dieu l'usage de l'épée dont ils se servaient. Vulcain, qui devait peut-être au hasard la connaissance du Fer et la manière de l'employer, se retira avec les siens en Sicile, pour y travailler ce métal (1).

Du temps de la guerre de Troyes, le Fer, comme nous avons déjà dit, était alors très-peu en usage;

____

(1) Le frappé des marteaux des forges de Vulcain, formait une harmonie qui a inspiré aux hommes l'idée de la musique.

le cuivre en tenait lieu, et ce métal était employé tant à la fabrication des armes qu'à celles des outils en tout genre; mais le cuivre est un métal mou, qui s'émousse très-facilement; il ne serait donc pas en état, par lui-même, de résister aux efforts que demandent plusieurs des travaux auxquels on l'employait. Pour exécuter avec le cuivre tout ce que nous exécutons à présent avec le Fer, il a donc fallu chercher et trouver quelques moyens pour le durcir; mais avant que de pouvoir le durcir, il fallut le fondre, le forger et l'affiner, c'est-à-dire, séparer les parties métalliques des parties étrangères avec lesquelles elles sont mêlées, les réunir et en former des masses que l'on divisa ensuite pour différens travaux.

L'art de *fondre* et de *souder* le Fer a dû venir d'une réflexion assez naturelle, ou au moins se montrer par un événement qui n'est que trop commun, puisqu'il n'est question que de laisser les morceaux de Fer exposés à un certain degré de chaleur, au moyen duquel ils se calcineront si le feu est très-violent, ou bien un morceau approché d'un autre s'y attachera, suivant les circonstances : c'est ce qu'on appelle *souder*, pour le Fer.

CHAPITRE II.

Distinction des Mines de Fer.

Le mot de *Mine* a deux significations ; on s'en sert pour désigner les endroits de la terre d'où l'on tire les métaux, et il se donne aussi aux composés naturels que contiennent les métaux alliés avec différentes substances.

Ces différentes matières unies ensemble, forment des masses compactes, pesantes, cassantes, et souvent pourvues d'un éclat métallique assez considérable. Ces composés portent proprement le nom de *Mine* ou *Minerai* qui est la substance propre de la Mine.

Nous pouvons considérer que les Mines anciennes ne peuvent être demeurées que dans les montagnes solides où l'on doit trouver le Fer sans aucun mélange des débris de la mer. C'est dans la terre primitive, dit un savant, que se trouvent les Mines des métaux; ces Mines suivent assez la direction des couches où elles se trouvent, et se distribuent à la façon de la racine d'un arbre; ce sont ces branches qu'on appèle *veines métalliques*, et que les mineurs nomment *filons*.

L'élément du Fer est en si grande quantité, et si généralement répandu, qu'il n'y a pas une partie de la terre qui n'en soit enrichie; pas une substance

qui ne soit susceptible d'en rete-
nir une portion. Toujours prêt à
se combiner ou à se décomposer;
aussi aisé à se détruire qu'à se re-
produire; l'instant de sa renais-
sance succède toujours à celui de
son dépérissement. Parcourez la
terre, vous ne trouverez pas une
montagne qui ne soit de sa base
connue jusqu'au sommet, autre
chose que du Fer; ailleurs, il est
enseveli à des profondeurs auxquelles l'industrie et le travail des
hommes ne peuvent pénétrer. Souvent sa Mine est en masse, dure
comme une roche; d'autres fois
elle est tendre, friable, et dispersée
çà et là sous différentes figures.
Tantôt elle est polie et luisante

comme une glace ; tantôt rude et criblée comme une éponge ; il y en a des quantités immenses qui imitent la figure des fruits ou de leurs siliques, celles des rognons, des féves, des pois ; d'autres Mines sont en grains fins, en poussière, etc. Comme le Fer cède facilement à toutes sortes de dissolvans, il change continuellement de forme ; tantôt minéralisé avec du soufre, il forme un pyrite ; tantôt, pendant son phlogistique, il tombe en poussière, qui, suivant la matière à laquelle elle s'unit, prend une forme cubique, creuse, anguleuse, feuilletée, plate, unie, etc., ou se moule dans les contours des coquillages ; en un mot, s'arrange suivant les modèles que lui présente une substance calcaire, vitrifiable ou réfractaire. Cette matière déposée enveloppe les corps qu'elle ne peut pénétrer ; séchée, elle se rassemble en masses irrégulières : entraînée par un courant, elle s'arrondit ; filtrée à travers un banc de sable, elle se granulle ; insinuée dans les fissures d'une montagne, elle en parcourt et remplit jusqu'aux plus petits rameaux qui deviennent semblables aux artères et aux veines que l'art a trouvé le secret d'injecter. On peut parvenir à connaître la nature des substances à la combinaison desquelles le

Fer a concouru, ou décompose un pyrite qui, reprenant du phlogistique, se minéralise de nouveau. Aussi admirables par la diversité de leurs couleurs que par celle de leurs formes, les Mines de Fer passent du blanc jusqu'au noir, du terne jusqu'à l'éclat du rubis qui doit à ce métal sa vivacité.

Toutes les manières de fondre le Fer se réduisent à deux principes généraux : ou de le fondre dans des creusets où il n'est rendu fluide que par la chaleur qui passe au travers de leurs parois, ou de le fondre en le tenant immédiatement exposé à l'action du feu; au milieu de la flamme.

Il y a, comme on sait, plusieurs sortes de Mines :

de Fer blanche ;
bleuâtre ;
cristallisée ;
gris de cendre ;
noirâtre ;
spéculaire, etc.

Il y a encore le *Glasskopff* ou tête de verre, qui est une belle Mine de Fer ; elle ressemble au fer poli : elle est partie anguleuse et partie ronde ; on la nomme aussi *Hœmatite*.

La Mine de Fer blanche ressemble à un *spath* blanc ; elle donne de très-bon Fer. La Mine de Fer jaune est semblable à une terre d'ocre.

Une des plus riches Mines de fer,

est une sorte de pierre pesante, dont la cassure est rouge et bleuâtre, et qui est d'une très-grande dureté. Cette Mine fournit, par quintal, depuis soixante jusqu'à quatre-vingts livres de Fer de la meilleure qualité, par une seule fonte.

La plus commune de toutes les Mines de Fer est une espèce de pierre, couleur de rouille, d'une pesanteur moyenne, entre celle des mines et celle des pierres non métalliques ; cette Mine n'a aucune figure déterminée : elle fournit assez facilement un Fer de bonne qualité.

CHAPITRE III.

De la Fonte.

On sait que la matière qui coule du fourneau immédiatement après que la Mine de Fer a été fondue, est ce qu'on appelle *Fonte* ou *Fer*, qui n'est pas malléable. Ce métal est aigre et cassant, résultant de la fusion du minéral, réuni à une certaine portion de carbonate calcaire, qui sert de fondant, étant en contact avec du charbon : les principes constitutifs sont du *fer*, du *carbonate* et de l'*oxigène*.

Le combustible employé à la réduction de la Mine donne le carbonate ; l'oxigène est communiqué de deux manières ; il se trouve toujours en certaine quantité, combiné avec la mine et à l'état concret, ayant servi à la minéraliser : il se réunit au Fer avant sa réduction. Une autre portion est transmise par la compression de l'air, employé pour exciter le degré de chaleur nécessaire à la Fonte du minéral.

Il y a plusieurs espèces de Fontes dont les qualités, bonnes ou mauvaises, dépendent de la quantité des mélanges et de leurs proportions relatives.

Si la Fonte est tenue en fusion pendant long-temps pour qu'elle absorbe du carbonate, et si elle est en même temps garantie de l'oxidation, elle recevra ce principe à excès, et formera un véritable *carbonate de fer*.

L'oxigène, combiné avec la Fonte au plus haut degré possible, donne une substance métallique grossière, dont la cassure est poreuse, qui ne se fond qu'à une température bien supérieure à celle des usines ordinaires, qui, chaude, reçoit quelques impressions du marteau, et qui, froide, est extrêmement fragile.

CHAPITRE IV.

Du Fil-de-Fer.

Le Fil en verge, est un Fer mince que l'on recuit dans une espèce de four, et qui se passe dans une filière à dimension.

Un Fil-de-Fer d'une ligne de

Pl. VI. *Forges.*

diamètre est en état de soutenir un poids de 500 livres avant que de se rompre.

Le Fer bien pur est assez ductile pour être tiré en fils aussi fins que des cheveux ; mais il faut observer que toutes ces propriétés du Fer sont sujettes à beaucoup varier en plus ou en moins, suivant les différentes espèces et qualités de Fers.

CHAPITRE V.

De la Tôle ou Fer-Blanc.

La Tôle est un fer doux réduit en plaque mince, et ensuite étamé avec de l'étain fin. Le Fer - Blanc d'Allemagne a un avantage tout

3.

particulier, c'est qu'il ne se rouille
pas, et qu'il est plus blanc et
plus luisant que les autres.

CHAPITRE VI.

Du Fer.

Le Fer est un métal d'une couleur blanche, livide, sombre et
tirant sur le gris, il est le plus
dur des métaux ; il est aussi celui
qui a le plus d'élasticité et le plus
difficile à fondre ; il est l'ame de
tous les arts ; aucun d'eux ne peut
s'en passer.

Mais plus ce présent de la Nature est précieux et considérable,
et plus aussi il importe à l'homme
d'en faire un bon usage. Un mor-

ceau de Fer fondu sort brut du moule dans lequel il a été jeté, et n'est pas plus ductile qu'un caillou. Toujours dur et cassant dans cet état, il ne saurait souffrir le marteau ni à chaud ni à froid. Les limes, les ciseaux et les burins n'ont aucune prise sur ces sortes de masses; il a donc fallu, avant qu'on ait pu forger le Fer, trouver l'art d'adoucir et de rendre ductile la première fonte. Pour mettre le Fer fondu en état d'être forgé, il faut le refondre une seconde fois, le porter ensuite et le battre sous un marteau très-pesant; retirer cette masse et la chauffer encore jusqu'au point de fusion et le rapporter sous le marteau à diverses reprises. Cette matière cassante à force d'avoir été chauffée et battue, se change en barres forgeables: toutes ces préparations, bien plus compliquées que celles des autres métaux, ont dû nécessairement retarder l'usage du Fer.

Le Fer est, après l'or, celui dont les parties ont le plus de ténacité.

Après l'étain, le Fer est le plus léger des métaux ; il perd dans l'eau un 7e et un 8e de son poids. Un pied cube de Fer forgé pèse trois cents kilos.

Le Fer et l'Acier ne sont point deux métaux différens, mais bien un même métal : l'Acier est un Fer beaucoup mieux purifié que tout autre fer.

Si l'on fait chauffer à blanc une barre de Fer et qu'on applique ensuite une bille de soufre à une

des extrémités, le soufre en s'u-
nissant au Fer le fait entrer en
fusion avec une telle promptitude
que ce métal coule aussitôt en
gouttes ardentes.

Le Fer est la seule substance
connue dans la nature qui soit
attirable par l'aimant, et qui puisse
devenir lui-même un aimant capable d'attirer d'autre fer. Cette
propriété sert à le faire reconnaître dans des mélanges où il
est d'ailleurs peu sensible, et
même à le séparer lorsqu'il n'est
qu'interposé avec d'autres corps
et point adhérent.

Tout le monde sait que le Fer
se détruit par la rouille lorsqu'il
est exposé à un air humide.

Le Fer résiste au feu le plus
fort des fourneaux ordinaires sans

se fondre ; mais il se brûle et se calcine facilement ; il se change en une matière terreuse, plus ou moins rougeâtre ou noirâtre.

Lorsque ce métal est chauffé le plus qu'il est possible, c'est-à-dire, jusqu'au blanc le plus éclatant, et prêt à couler, il a toute l'apparence d'un corps combustible pénétré d'une flamme vive et brillante ; en effet, le principe inflammable de ce métal, chauffé jusqu'à ce point-là, brûle réellement d'une manière sensible. J'ai exposé du Fer au foyer d'un grand miroir ardent ; il s'est fondu promptement en bouillonnant ; il s'en exhalait une fumée ardente qui, dans sa partie inférieure, était une vraie flamme ; il s'est trouvé transformé à la fin en une

espèce de scorie noirâtre et vitri-
fiée. On sait que les étincelles qui
partent d'un caillou frappé avec
l'acier ne sont que des parcelles
de fer enflammées par la violence
du frottement, et que, vues au
microscope, elles paraissent semblables à des *scories de fer* ou du
mâchefer.

Tout nous porte donc à croire
que le Fer a un élément qui lui
est particulier. Sans cela, depuis
le temps que l'on fait du Fer avec
les Mines que nous avons désigné
par *Mines de Fer*, il serait arrivé
quelquesfois qu'on aurait fait un
autre métal, et qu'avec des Mines
pour faire un autre métal on
aurait fait du Fer. Or, cela n'est
jamais arrivé ; bien loin de là,
pour la purification et le traite-

ment des métaux quelconques, on a grand soin, quand il est question d'en travailler un particulier, de séparer et extraire les parties élémentaires des autres métaux qui peuvent s'y trouver mélangés; tous les métaux et demi-métaux s'opposent, dans des degrés différens, à la liaison et collection des particules ferrugineuses. Donc le Fer, comme les autres métaux, a un élément qui lui est particulier, et diffère des autres, mais les bases sont les mêmes.

Le *Fer natif*, suivant Wallérius, n'est pas toujours parfaitement pur, cependant il l'est plus que le *Fer de Fonte*. Nous avons le *Fer natif*, solide, irrégulier, et le *Fer natif* en grains.

On entend par *Fer malléable*, un métal d'un gris clair et brillant, dur et ductile, que l'on peut battre, forger et étendre à coups de marteaux, et dont on fait un grand usage dans les manufactures d'armes, dans le bâtiment ou pour divers ustensiles.

Il y a différentes dénominations de Fers : Fers en mine, fondu, battu, forgé, doux, dur, aigre, cassant, applati, en feuilles ou tôle, en lame ; Fers méplat, plat, carré, rond, acéré, noirci ; Fers de pieux, de piques, de gros ouvrages, ou gros fer ; Fer en bottes ou menu fer ; Fer recroui qui fait ressort ; Fer recuit, qui ploie à volonté ; Fers brut, ouvré, cendreux, pailleux ; Fer de carillon de huit à dix lignes de grosseur ; Fer ambouté ou Tôle du Berry, pour faire des feuillages ou ornemens ; Fer corroyé qui, après avoir été forgé, est ensuite battu à froid pour le rendre moins susceptible de se casser ; Fer coudé, c'est-à-dire, plié sur son épaisseur ; Fer étiré qu'on a allongé en le battant à chaud ; Fer d'amortissement ou aiguille de fer entée sur un poinçon, pour tenir une pyramide, un vase, une girouette, ou tout autre ornement qui termine un comble ; Fer de cuvette, ou morceau méplat forgé en rond, qui, étant scellé dans un mur, sert à soutenir et à accoler une cuvette de tuyau de descente ; *Coste de vache*, fer refendu dans les fenderies. Ces sortes de fers ne sont

Pl. III. Coulage de la gueuse.

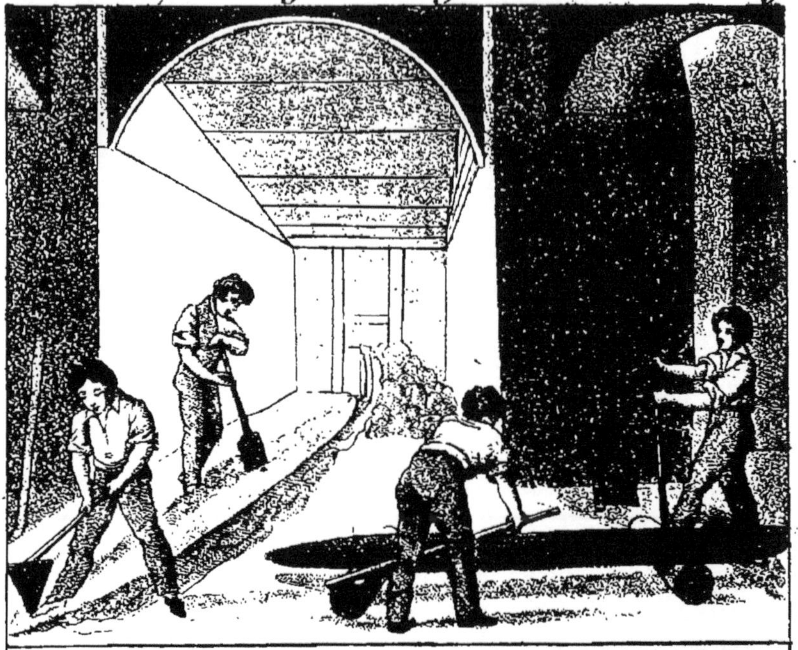

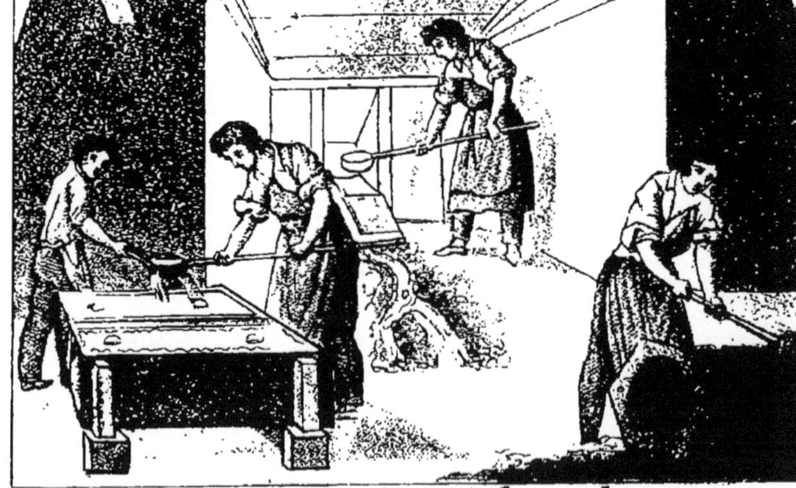

Pl. IV. Fonte – Coulage à la poche.

point à vive-arrête , leurs faces sont arrondies, leurs bords iné-gaux et remplis de bavures. *Cornet*, sorte de gros fer plat , de cinq à sept pouces de large , huit lignes d'épaisseur et quatre à six pieds de longueur ; Fer *Rouverain* qui se casse à chaud à cause de ses gerçures ; *Forgis*, barre for-gée pour passer par la filière ; *Gueuse*, pièce fondue qui n'est point encore purifiée.

Malgré les différentes métho-des adoptées en divers pays pour fabriquer du Fer malléable, le principe de l'opération est tou-jours le même, pour priver la Fonte du carbonate et de l'oxi-gène qui peuvent s'y trouver.

Des Fourneaux de plusieurs formes ont été construits à l'effet de perfectionner la fabrication ; car dans les usines les mieux dirigées, on éprouve une perte considérable de parties métalliques ; la quantité de Fonte est toujours proportionnée, 1°. à son aptitude à devenir malléable ; 2°. à l'intelligence des ouvriers ; 3°. à la bonté du procédé qu'on a suivi, et 4°. à la quantité de Fer malléable qu'on désire obtenir.

Des artistes distingués se sont occupés des moyens de diminuer ces pertes considérables dans la fabrication du Fer ; ils ont substitué aux grosses affineries, aux gros marteaux et aux martinets de nos Forgeries à deux feux, des Laminoirs dont les cylindres en Fonte douce, sont mus par de l'eau, ou par une machine à vapeur (1).

Ces Laminoirs ont l'avantage, pour de certains ouvrages, de donner un Fer pur, d'un tissu plus homogène que celui qui provient du travail des Affineries, et de produire une économie considérable dans la dépense de la fabrication ; toute la crasse, les scories, et les matières hétérogènes qui ont pu résister aux opérations préliminaires, au lieu d'être enveloppées dans la *coupe*, et comprimées dans la masse, par les coups du martinet, pendant

_____

(1) L'on s'occupe, en ce moment, de la perfection des Fenderies, à l'usage des grosses Forges, des Fourneaux et des Platineries. Nous faisons des vœux pour le succès de ces entreprises.

4.

la façon, se trouvent, au contraire, dégagées du Fer, et le métal pur passe seul à travers le cylindre ; ils rendent le Fer plus nerveux et plus ductile, et lui donnent un fini et une égalité d'échantillon, qu'il est impossible d'obtenir par aucune autre manière.

Lorsque le Fer est forgé, battu, affiné ou laminé et mis en barres, on le convertit en Acier.

CHAPITRE VII.

Des qualités de Fers.

Pour reconnaître les qualités de Fers, l'on prend un ciseau bien trempé, et l'on fait une entaille à coups de marteau en faisant porter le Fer, à faux, sur deux morceaux de fer, à une distance de six pouces, sur un billot de bois, en frappant sur l'entaille.

Quand on est obligé de tourner en différens sens le Fer pour le rompre ; quand il plie sous les coups de marteau ; quand ces coups sont marqués par de fortes impressions, on est certain que le Fer est doux, au moins à froid. Si dès les premiers coups le Fer se sépare, il est aigre et peu agréable à travailler.

Si la cassure est brillante ; si elle se montre formée de grandes paillettes comme des morceaux de *talc*, on est certain que le Fer est fort aigre, qu'il sera dur à la lime et difficile à manier sous le marteau, tant à chaud qu'à froid, qu'il sera tendre à la *chauffe* et qu'il se brûlera aisément.

Si, au contraire, la cassure est d'un brun noirâtre, et qu'elle est inégale, ayant des flocons de fer qui se déchirent comme quand on romp du plomb, ce que nous appelons *de la chair*, c'est du Fer doux qui se travaille aisément à chaud et à froid sous le marteau et à la lime ; mais il est presque toujours difficile à polir, et rarement il prend un beau lustre.

Il y a encore des Fers qui ont le grain fin et gris, qui n'ont point de chair, qui, cependant, ne se rompent point aisément; ils sont même assez pliants. Ces Fers prennent un beau poli, mais ils sont durs à la lime et bouillant à à la forge : ces sortes de Fers acérains prennent bien la Trempe.

Les Fers qu'on nomme *Rouve-rains*, dont nous avons parlé, sont assez ployans et malléables à froid, mais il faut les ménager au feu et sous le marteau ; ils répandent, quand on les forge , une odeur de soufre , et il en sort des étincelles fort brillantes ; si on les chauffait presque blanc, et qu'on les frappât rudement, ils se dépeceraient sous le marteau ; ils se rompraient, ou au moins ils deviendraient pailleux.

CHAPITRE VIII.

De la ductilité du Fer.

L'Art du Mécanicien consiste,

en grande partie, à profiter de la ductilité du Fer, pour en faire différens ouvrages, en le frappant avec le marteau ; mais le Fer froid est peu ductile, et l'artiste aurait bien de la peine à le travailler s'il ne savait pas augmenter cette ductilité en le chauffant. Heureusement que le Fer a la propriété de s'attendrir par la chaleur, au point de céder facilement aux coups de marteaux ; mais il est impossible de bien forger un fer qui a été mal chauffé: il faut que le Fer soit amolli par le feu, en évitant de le brûler. C'est pourquoi un petit barreau ne doit point être chauffé comme un gros ; un Fer aigre ou acérain doit être moins chauffé qu'un Fer doux : bien des ouvriers se trompent dans ce dernier travail.

Le Forgeron doit aussi connaître la qualité de son charbon ; car il s'en trouve qui sont chargés de soufre qui rongent et grésillent le Fer.

Il faut que le morceau de Fer qu'on chauffe soit placé dans le charbon, un peu au-dessus du courant d'air qui sort de la tuyère, car si le Fer était immédiatement à l'embouchure de la tuyère, cet air nouveau le refroidirait, pendant que les deux côtés seraient très-chauds.

Quand la forme du Fer qu'on chauffe le permet, il est très-avantageux de le retourner dans la forge, pour qu'il soit chauffé également partout.

Il faut proportionner la quan-

tité du charbon et la force du vent
à la grosseur du Fer que l'on veut
chauffer.

Un Fer doux doit être *chauffé
blanc*, et pour faire une bonne
soudure, il faut une *chaude suante*.

CHAPITRE IX.

De l'Acier.

L'ACIER est un Fer très-dur,
cassant, d'un grain fin et blanc,
qui contient beaucoup plus de
matières inflammables que le Fer
ordinaire.

Il y a deux manières de faire
l'Acier ; l'une par la *fonte*, l'autre
par la *cémentation*. On se sert de
la première manière pour chan-

ger en Acier le Fer pris dans la Mine même, mais on ne se sert point indifféremment de toutes les Mines de Fer, pour en tirer de l'Acier, parce qu'il y a des Mines de Fer qui sont naturellement beaucoup plus propres que toutes les autres à fournir de bon Acier ; ce sont ces dernières que l'on emploie de préférence ; on leur donne, par cette raison, le nom de *Mines d'Acier*, et l'on nomme *Acier naturel* celui qu'on en retire.

Quant à l'autre manière de faire l'Acier, elle consiste à choisir le meilleur Fer tout forgé et dans son état le plus parfait, c'est-à-dire, le Fer le plus malléable, tant à chaud qu'à froid, et à l'imprégner d'une plus grande quantité de principe inflammable, par la seule cémentation et sans fusion.

Pour bien nous faire comprendre dans la manière dont se fait l'Acier, il faut faire attention aux deux propriétés essentielles du Fer : la première, c'est que de tous les métaux, comme on sait, il est le plus difficile à fondre, et que, par cette raison, quoique dans le travail des mines, sa fonte soit beaucoup aidée par les parties de soufre de la mine même, comme on sépare toujours le plus qu'il est possible, de ces parties sulfureuses, ce métal n'entre jamais dans une fusion aussi coulante, aussi parfaite que les autres métaux.

La seconde propriété du Fer dont nous voulons parler, c'est

que la terre de ce métal est capable de se combiner intimément
avec le principe inflammable, et
de se métalliser, par ce moyen,
sans qu'il soit besoin de fusion.

A mesure que le Fer se dé-
pouille de soufre, sa fusion devient
de plus en plus difficile ; on est
obligé d'avoir recours à un autre
expédient que la fonte, pour le
débarrasser des parties terreuses
qui, dans les premiers travaux,
sont restées interceptées entre les
parties métalliques ; cet expédient
c'est la *forge* ; pour cela on prend
le Fer impur qu'on veut rendre
malléable ; on le fait bien rougir,
et on le bat, à grands coups d'un
marteau très-pesant qu'on appelle
dans les forges *le gros marteau* :
cette percussion qu'éprouve le Fer

ramolli par la chaleur, presse fortement et soude, les unes avec les autres, les parties métalliques, les seules qui soient capables de s'unir ensemble, et force les parties terreuses, non métalliques et incapables, par cette raison, de s'unir avec le métal, à se séparer : elles sont, par cette manœuvre, exprimées d'entre les parties du Fer, et poussées peu à peu à la surface de la masse, dont elles se détachent d'elles-mêmes, sous la forme de poussière et d'écailles ; on réitère cette manipulation, qui est, en quelque sorte, un *pétrissage* du Fer, jusqu'à ce qu'il ait acquis le degré de pureté et de ductilité convenable.

Les manœuvres, par lesquelles on parvient à tirer l'Acier de ses mines, sont essentiellement les mêmes que celles qui sont employées pour le Fer ; mais elles en diffèrent par une exactitude infiniment plus grande qu'on y apporte, pour avoir un Fer encore plus pur, plus fourni de phlogistique, et mieux débarrassé des parties terreuses.

Pour y parvenir, au lieu de faire les fontes en grand, comme cela se pratique pour le Fer, on les fait en petit. On prend des morceaux de la première fonte ; on les met dans des creusets tout remplis et absolument couverts de charbon, sous le vent de forts soufflets ; on les fait bien fondre, et on les entretient en fusion plus ou moins long-temps, suivant la nature de la mine, après quoi, on les forge aussi, comme le Fer, mais toujours en morceaux beaucoup plus petits, et jusqu'à ce qu'ils soient devenus parfaitement ductiles à chaud et à froid : il ne reste plus après cela qu'à tremper l'Acier.

On sent bien que cette purification exacte du Fer pour le transformer en Acier, ne peut avoir lieu sans une diminution et un déchet considérable, à cause de la séparation de toutes ces parties hétérogènes ; c'est aussi ce qui arrive ; cette diminution va ordinairement à près de moitié du poids du Fer. Il est vrai que ce grand déchet ne vient point en entier de la séparation des parties hétérogènes ; car dans toutes les fontes et fortes chaudes qu'on est obligé de donner au Fer pour cela, il y a toujours une partie de ce métal de détruite et de brûlée, quoiqu'on prenne toutes les précautions possibles pour diminuer cet inconvénient, c'est à quoi on parvient en garantissant le métal fondu ou bien rouge, du contact de l'air extérieur, le plus qu'il est possible. Voilà ce qu'il y a d'essentiel dans la fabrication de l'Acier naturel, ou fait par la fonte.

Quant à l'Acier artificiel, on s'y prend d'une autre manière : celui-ci se fait sans fusion; on se sert de Fer tout forgé. Le point essentiel, pour faire le meilleur Acier artificiel, c'est de choisir le Fer le plus parfait, le plus malléable, tant à chaud qu'à froid, et celui qui, dans sa cassure, présente les facettes, les grains ou les fibres les plus fins et les plus égaux; qualité qui indique toujours le Fer le plus épuré : on le forge d'abord en lames ou en barres, plutôt petites que grosses, suivant les ouvrages auxquels on le destine, et on le *cémente* avec des matières capables de lui fournir beaucoup de principe inflammable.

Quand on veut faire de bon Acier, on prend un creuset cylindrique, plus haut d'environ trois pouces que les barres de Fer qu'il s'agit de transformer en Acier. On met au fond du creuset, une couche de *cément* de l'épaisseur d'un travers de doigt, et on foule un peu le cément ; on place ensuite les barreaux de Fer verticalement dans ce creuset, les uns après les autres, et des parois du creuset, d'environ un pouce ; on remplit exactement, avec le cément, tous les interstices, de manière à ce que le creuset soit exactement plein, et que les barreaux en soient totalement couverts au moins de deux pouces ; on couvre ensuite le creuset avec un couvercle qui soit juste, et qu'on doit avoir soin de lutter bien exactement avec de l'argile mêlée de sable ; on place le creuset dans un fourneau où l'on puisse entretenir un feu égal, et on le tient rouge à blanc pendant huit ou dix heures. Après ce temps, le Fer se trouve converti en un Acier d'autant meilleur, qu'il était lui-même d'une qualité supérieure :

il n'a plus besoin alors que d'être trempé.

L'Acier qui a reçu les préparatifs dont nous venons de parler diffère du Fer par sa couleur, qui est plus sombre et plus brune, par son grain, qui est beaucoup plus fin et plus serré, par une ductilité et par une dureté plus considérable ; mais la grande différence de l'Acier d'avec le Fer, celle qui le rend très-précieux pour une infinité d'usages et dans beaucoup d'arts, c'est la dureté extrême dont il est capable d'acquérir par la Trempe.

Un problême difficile à résoudre est de savoir si l'*Acier est plus fusible que le Fer*; plusieurs artistes ne peuvent le décider, à cause de la grande violence du feu nécessaire pour fondre l'un et l'autre. J'ai exposé plusieurs fois du Fer forgé et de l'Acier au foyer d'un miroir ardent très-fort, et j'ai toujours trouvé l'Acier beaucoup plus fusible que le Fer ; cette plus grande fusibilité de l'Acier ne peut être attribuée qu'à la plus grande quantité de phlogistique qui lui est uni, le phlogistique étant, en général, le principe ou la cause de la fusibilité des métaux.

On considère comme Acier supérieur celui de Kent, en Angleterre, et particulièrement celui de *Kerment*, en Allemagne, connu sous le nom d'*Acier de Carme*, de l'*aciérie de Kerment*. Cette sorte, appelée aussi *Acier à la double marque*, est employée par les *For-*

geurs (1) dans les petits ouvrages; pour l'ordinaire, ils sont en billes ou en barres.

Il y a aussi des Aciers plus communs de Hongrie, d'Italie, du Piémont, de Rive, de Clamecy, de St.-Dizier, de Nevers, de la Charité, etc., que l'on appelle *Acier Soret*.

Il est à remarquer que tous les Aciers de l'Europe, même ceux de Blistered, Shear, Spar, Star, et Cast, n'approchent pas, en bonté de celui de Kerment, parce que sur cent cinquante Mines que les Allemands ont, il n'y a que ceux de l'Aciérie (2) de

____

(1) *Forgeur*, est celui qui forge des menus ouvrages; *Forgeron* est celui qui forge de grosses pièces.

(2) *Aciérie*, bâtiment ou usine où l'Acier prend sa première façon, après sa fonte.

Pl. VIII Appareil à tremper et à souder

Kerment qui peuvent faire de bon Acier, parce que les Forgerons composent un *bain de Trempe*, dans lequel ils mettent différens ingrédiens de Chimie.

Autrefois, nous recevions de l'Acier de DAMAS, en Syrie, qui était de premier choix. L'on prétend même que pour tremper cet Acier, l'on se servait des impressions de l'air, de l'évent, ou bien on le passait sur un chamois mouillé.

~~~~~~~~~~~~~~~~~~~~~~~~~~~~~~~~~~~

CHAPITRE X.

De la Trempe.

LA Trempe, proprement dite, est l'action de plonger un mor-
~~~~~~~~~~~~~~~~~~~~~~~~~~~~~~~~~~~

ceau d'Acier, rouge ou chaud, dans un bain d'ingrédiens, comme on le fait à l'aciérie de Kerment, ou dans de l'eau ordinaire, du suif, de la suie, de l'urine, de l'eau de puits, de la glace, de l'esprit-de-vin, etc., pour en resserrer les pores et les durcir.

Ce travail, aussi riche qu'indispensable aux arts et aux manufactures, ne pouvait, à coup sûr, être exploité qu'en prenant toujours pour guide le flambeau de la Chimie.

Bain de Trempe à l'aciérie de Kerment.

Dans quatre seaux d'eau froide, l'on met :

Arsenic en poudre,.........	2 onces.
Réagal,...................	2
Orpin, ...	1
Antimoine, ...	1
Sel Ammoniac, ...	2

Le premier morceau d'Acier que l'on précipite dans ce bain échauffe cette composition au degré qu'il est nécessaire pour dissoudre les ingrédiens ci-dessus désignés.

En un instant, toutes les qualités de ce métal sont changées par cette Trempe ; de très-ductile qu'il était avant, il devient si dur qu'il ne se laisse plus entamer par la lime, qu'il est en état lui-même d'entamer, de percer et de diviser les corps les plus durs, qu'ils ne cède en aucune manière au marteau, et se fait plutôt briser par morceaux comme un caillou que de s'étendre ; il est souvent fragile, très-élastique et susceptible de prendre le poli le plus vif et le plus beau, comme on le voit sur certains bijoux travaillés avec soin.

Plus l'Acier est chaud quand on le trempe, et plus le bain dans lequel on le trempe est froid, plus il acquiert de dureté ; mais en même temps il devient d'autant plus aigre, fragile et cassant, qu'on lui a donné, par ce moyen, une plus grande dureté. Cette Trempe si dure est nécessaire pour certaines limes et pour quelques outils destinés à entamer des corps très-durs ; moins l'Acier est chaud quand on le trempe, moins l'eau dans laquelle on le trempe est froide, moins aussi il acquiert de dureté ; mais en revanche il conserve plus de ductilité, ce qui donne la facilité d'en faire une infinité d'outils propres à diviser les corps qui ne sont pas de la plus grande dureté : ces outils ont l'avantage d'être beaucoup moins sujets à s'épointer et à s'ébrécher que ceux qui sont trempés si sec.

Le degré de chaleur que doit avoir l'Acier pour la Trempe est absolument relatif à l'usage auquel sont destinés les outils qu'on veut fabriquer.

Nous savons tous que l'œil exercé du Forgeron, du Forgeur, du Mécanicien, parvient quelquefois, par un tâtonnement d'habitude ou d'habileté, à se procurer le degré de Trempe qu'il désire ; mais sa routine est souvent en défaut lorsque la partie calorique n'est pas au degré nécessaire ; il faut qu'il étudie, par la

couleur que prend son Fer ou
son Acier au feu, le moment de
lui faire subir une Trempe dure,
douce ou faible, proportionnée
à la qualité du Fer de chacune
des Mines.

Il y a encore une manière de
tremper l'Acier, fort usitée et
fort bonne, en ce qu'elle a l'avantage d'empêcher l'Acier de se brûler à sa surface, est celle que l'on
nomme *Trempe en paquet*; elle
consiste à enfermer dans une boîte
de tôle remplie d'une pâte com-
posée de *suie*, de *sel ammoniac*,
et de suffisante quantité d'*urine*,
les morceaux ou les outils d'acier
qu'on veut tremper de cette façon;
à faire rougir le tout au degré convenable, et tremper la boîte sans
l'ouvrir, avec ce qu'elle contient.

Une propriété encore bien avantageuse de l'Acier, relativement à sa Trempe et à sa dureté, c'est qu'on peut détremper et radoucir les morceaux d'Acier, à tel degré qu'on le juge à propos; il ne s'agit, pour cela, que de les faire chauffer plus ou moins, et de les laisser refroidir: on peut même par ce moyen, enlever toute la dureté à l'Acier trempé le plus sec.

Comme la Trempe est un point fort essentiel pour le Fer, et que la meilleure, en général, est celle qui donne le plus de dureté, en conservant le plus de ductilité au métal, on peut aussi tremper le Fer dans une boîte de tôle remplie de limaille d'acier; on le chauffe à blanc et on le laisse refroidir lentement. Ces pratiques particulières sont la base de plusieurs procédés et secrets qu'on a dans différentes manufactures, aciéries, etc.

On trouve dans le commerce, de l'Acier tout trempé, parce que, dans plusieurs aciéries, on est dans l'usage de le tremper aussitôt qu'il est fait. Quand on veut se servir de cet Acier, on est obligé de le détremper pour pouvoir l'étendre, le limer et lui faire prendre la forme de l'outil qu'on en veut faire, ensuite l'artiste le retrempe à sa manière. On trouve aussi chez les marchands, de l'Acier d'Angleterre en petits barreaux trempé ou non trempé qui est fort bon.

CHAPITRE IX.

Opérations de la Trempe.

Première opération.

C'est précisément parce que nous ne nous sommes servi que de la trempe à l'eau, que les Aciers d'Allemagne et les Fers de Danemarck, de Suède, de l'île d'Elbe, ont eu la supériorité sur les nôtres : sortons de notre aveugle routine et profitons des rayons lumineux de la Chimie moderne.

Pour nous rendre un compte fidèle de la Trempe faite à l'eau, nous avons divisé un morceau d'Acier en dix parties, et nous avons reconnu à la lime, qu'aucune de ces parties n'avait la même égalité de Trempe, quoique provenant du même morceau d'Acier. Nous avons donc jugé que cela dépendait de la manière de tremper, non pas de chauffer l'Acier, mais bien de ne l'avoir plongé, ou, pour mieux dire, de ne l'avoir éteint que par un seul bout, au lieu de le noyer également et à la fois dans sa longueur.

~~~~~

Seconde opération.

Nous avons divisé un morceau d'Acier en dix parties ; chacune de ces parties a été trempée dans un bain différent,

SAVOIR :

Le premier morceau, dans un bain d'eau fraîche ;
~~~~~

Le deuxième, dans un bain d'eau glacée;

Le troisième, dans de l'eau de puits;

Le quatrième, dans de la suie grasse;

Le cinquième, dans du suif;

Le sixième, dans de l'urine fermentée;

Le septième, dans de l'esprit-de-vin;

Le huitième, dans un bain de sulfate de fer;

Le neuvième, dans un bain d'acide muriatique;

Le dixième, dans un bain d'acide sulfurique à petite dose.

L'essai de la lime, sur |chacun des morceaux, nous a donné dix résultats comme si c'était diffé-rens Aciers; ce qui nous prouve bien que ce sont les bains qui ont agi sur l'Acier, et non l'Acier qui a maîtrisé les bains.

Au nombre des dix bains différens, nous avons particulièrement remarqué, avec la lime, la bonne Trempe de la *suie grasse*; celle de l'*urine fermentée*, et notamment celle du *sulfate de fer* ou Couperose verte.

Troisième opération.

Nous avons fait choix de dix sortes d'Aciers de plusieurs Mines; après avoir marqué et chauffé nos échantillons, nous les avons trempés dans les dix bains respectifs; nous avons jugé, par la lime, qu'ils étaient d'une qualité égale,

assez bonne; cependant les échantillons à la suie, au sulfate et à
l'urine ont été préférés.

Le bain de sulfate est d'une
concordance parfaite avec l'Acier
et le Fer, et n'exige aucune pré-
paration. Par chaque seau d'eau
de quinze litres, l'on précipite
simplement la valeur d'une livre
de sulfate de fer de 5 sous.

Un artiste distingué nous assure
qu'en couvrant d'une couche de
suif l'eau dans laquelle on trempe
l'Acier, on prévient les gerçures
auxquelles il est très-sujet.

Plusieurs Forgerons, Forgeurs,
Mécaniciens et Graveurs, nous
ont promis de faire de nouveaux
essais, et de nous faire parvenir
le résultat de leurs observations.

CHAPITRE XII.

De la Trempe en petit et de la Soudure à la Lampe.

LA Trempe et la Soudure à la Lampe à l'huile fit craindre long-temps pour la santé ; son emploi a souvent rendu des ouvriers poitrinaires. Aujourd'hui les sieurs HASKOLL et MARTIN, brevetés, dirigés par des vues philantropiques, offrent un nouvel *Appareil* qui est portatif, et qu'on peut placer partout ; par un procédé chimique et bien simple, l'huile est remplacée par l'esprit-de-vin, de manière à ce qu'il n'existe plus de fumée, d'odeur désagréable, ni

mal-saine. Le chalumeau qui fa-
tiguait la poitrine, étant supprimé
(puisque la machine agit seule),
l'ouvrier a les mains libres et
peut travailler plus facilement. La
flamme, plus ou moins forte, suivant le besoin, se dirige à volonté.
L'Appareil peut s'élever, s'a-
baisser ou se démonter ; il est
toujours propre, tient peu de
place et joint la solidité à la sim-
plicité, l'élégance à la promptitude de l'ouvrage. Le prix est
modéré.

Nous avons été tellement sa-
tisfaits, après quelques légers
changements faits par les inven-
teurs, des épreuves de cette indispensable Lampe, que nous en
faisons maintenant usage ; nous
ne pouvons trop recommander

un Appareil qui sera bientôt adopté par un grand nombre d'artistes qui sont susceptibles de tremper des petits ouvrages ou de souder.

MM. les Quincailliers se hâteront d'orner leurs magasins de cet indispensable Appareil.

CHAPITRE XIII.

De la Recuite.

Il est quelquefois nécessaire de faire recuire le *Fer* et l'*Acier*, soit pour rendre ces métaux plus aisé à forer et à limer, soit pour qu'on puisse les travailler à froid au marteau, soit pour que les outils acérés ou les ressorts soient moins cassans.

Quelques artistes, pour ne rien ôter de la qualité du Fer ou de l'Acier recuit, frottent ces métaux avec du suif ou de la suie grasse, pour qu'ils ne se brûlent pas.

Les petits outils d'acier se recuisent souvent à l'Appareil qui procure une chaleur assez douce.

Les lames d'Acier bien polies, mises sur un feu doux de charbon, prennent différentes couleurs à leur surface, et passent successivement par presque toutes les nuances, à mesure qu'elles éprouvent plus de chaleur ; ces nuances sont dans leur ordre : le blanc, le jaune, l'oranger, le pourpre, le violet, et enfin le bleu, qui disparaît lui-même, pour ne plus laisser que la couleur d'eau, si on

chauffe trop fort ou trop long-
temps. Ces différentes nuances
indiquent le degré de Recuit de
plusieurs Fers et Aciers ; la plus
usité est la bleue, comme on le
voit sur les ressorts d'acier qui
ont tous cette couleur.

FIN.

TABLE DES MATIÈRES

CONTENUES DANS CET OUVRAGE.

DE L'IMPRIMERIE DE J.-L. CHANSON.